Discours

prononcés aux obsèques

de

M.J.F. LOBSTEIN.

DISCOURS

PRONONCÉS AUX OBSÈQUES

DE

M. J. F. LOBSTEIN,

PROFESSEUR A LA FACULTÉ DE MÉDECINE DE STRASBOURG.

STRASBOURG,

De l'imprimerie de F. G. LEVRAULT, rue des Juifs, n.° 33.

1835.

DISCOURS

DE

M. CAILLIOT,

DOYEN DE LA FACULTÉ,

PRONONCÉ A L'ACADÉMIE.

MESSIEURS,

La dépouille mortelle de notre vénérable collègue, M. FODERÉ, vient à peine d'être déposée dans la tombe, et déjà l'impitoyable mort nous a frappés d'un nouveau coup!

C'est toi qu'elle a choisi pour victime, ô mon cher LOBSTEIN, toi, le plus bel ornement de notre école, l'une des premières illustrations de cette Académie; toi qui, encore dans l'âge de la maturité, jouissant de l'intégrité de toutes tes facultés, ayant conservé toute l'énergie de tes affections, pouvais encore servir si utilement la science et l'humanité; toi dont l'existence était si nécessaire à ta famille, si chère à tes nombreux amis!

Dans l'abattement où m'a jeté cette mort inopinée, vous n'attendez pas de moi, Messieurs, que je déroule à vos yeux tous les titres de M. LOBSTEIN à cette haute considération dont il était entouré. Comment louer dignement un homme dont le nom est connu en

Europe de tous ceux qui cultivent la médecine et les sciences naturelles ?

M. Lobstein avait embrassé dans le cercle de ses études médicales l'anatomie, la physiologie, la médecine, la chirurgie, l'art des accouchemens, l'anatomie pathologique, la pharmacologie et la médecine légale ; et toutes ces parties, dont chacune forme à elle seule une science étendue, il ne les avait pas effleurées, car il n'étudia jamais rien superficiellement : il les avait méditées et approfondies ; presque toutes ont été l'objet des diverses branches d'enseignement auxquelles il s'est livré pendant trente-cinq ans.

Quelque vaste que soit le domaine des sciences médicales, il ne put suffire à un esprit aussi actif, aussi avide d'instruction : M. Lobstein n'était étranger à aucune des parties de l'histoire naturelle. S'il cultiva avec prédilection la zoologie et l'anatomie comparée, c'est qu'il y était sans cesse ramené par ses études principales.

Il a publié un grand nombre d'ouvrages : les plus importans sont sa Dissertation sur la nutrition du fœtus, la Monographie du nerf grand sympathique, écrite en langue latine, et le Traité d'anatomie pathologique. Ces trois ouvrages ont mérité et obtenu les suffrages de tous les juges compétens. Le dernier, le Traité d'anatomie pathologique, qui est le plus étendu, est aussi d'une utilité plus pratique, parce que le tableau des phénomènes observés pendant la maladie s'y trouve toujours rapproché des altérations constatées après la mort. Espérons, Messieurs, que ce beau monument, dont il avait rassemblé pendant trente ans les matériaux, ne restera pas inachevé.

Les nombreux mémoires que M. LOBSTEIN a publiés méritent d'être placés à côté de ses grands ouvrages. Tous attestent la justesse de son esprit et l'étendue de ses connaissances; on y retrouve sa rare sagacité dans l'investigation des faits, sa fidélité consciencieuse dans leur exposition, l'art de les féconder par leur rapprochement, et la plus ingénieuse perspicacité pour en pénétrer les causes les plus cachées. Je ne sais, Messieurs, si l'amitié ne me fait point illusion sur le mérite des productions littéraires de M. LOBSTEIN, mais il en est plusieurs où je crois retrouver non-seulement l'empreinte d'un beau talent, mais aussi ces aperçus nouveaux, ces vues élevées qui caractérisent le génie.

Un goût très-prononcé pour les études historiques entraîna M. LOBSTEIN vers les recherches archéologiques; il était parvenu à former une collection curieuse d'antiquités , dont la partie la plus intéressante est une suite de plus de six mille médailles. Tous les objets de cette collection lui étaient devenus tellement familiers, qu'il pouvait, à l'inspection de chacun d'eux, discourir savamment sur les événemens et les personnages auxquels ils se rapportent.

Admirateur enthousiaste des beaux-arts et doué de la plus exquise sensibilité, M. LOBSTEIN était comme dans une sorte de ravissement, à la vue d'un beau tableau ou d'une belle statue. La musique savante et bien exécutée lui donnait encore de plus vives émotions.

C'est dans la lecture de nos chefs-d'œuvre littéraires qu'il aimait à se délasser de ses études sérieuses. Non-seulement il parlait et écrivait avec une égale facilité en latin, en français et en allemand, mais il appréciait, dans leurs langues originales, le mérite d'Homère, du Tasse et de Milton.

Pour concevoir qu'une carrière terminée à cinquante-sept ans ait pu suffire à tant de travaux, il faut se rappeler que M. Lobstein avait reçu de la nature une raison très-précoce; qu'avare du temps, dont il connaissait tout le prix, il sut, au milieu de ses occupations multipliées, en faire toujours une sage distribution; que tout s'imprimait profondément dans cette tête à la fois méthodique et capable d'une application soutenue; que tout s'y casait dans un ordre aussi parfait que celui qui régnait dans sa bibliothèque, dans ses manuscrits et jusque dans ses simples notes.

Vous voyez, Messieurs, quels titres honorables appelèrent M. Lobstein aux fonctions publiques qui lui ont été successivement confiées, et vous savez avec quelle distinction il en a rempli les devoirs. Promu d'abord à la place de prosecteur, et plus tard à celle de chef des travaux anatomiques, c'est en 1819 qu'il vint s'asseoir dans nos rangs. A cette époque le grand Cuvier se trouvait à la tête de l'Université : c'est par lui, c'est pour M. Lobstein que fut instituée la chaire d'anatomie pathologique; son beau traité sur cette science et notre magnifique Musée sont là pour attester combien il méritait cette insigne faveur. Elle fut provoquée par

un homme fait pour apprécier tous les genres de mérite, par M. Levrault, alors recteur de cette Académie.
J'aime à me rappeler en cette circonstance que je fus
chargé par M. Levrault de rédiger une note destinée
à faire valoir auprès du Gouvernement les avantages
de cette nouvelle institution. .

M. LOBSTEIN fut appelé, en 1821, à remplir la chaire
de clinique interne. Sa supériorité comme médecin-
praticien, ses talens et son zèle comme professeur,
sa touchante bonté envers les malades, sont proclamés
par tous ceux qui ont reçu ses soins ou suivi ses leçons. Qu'ajouteraient mes paroles à un tel concert de
louanges; quel langage ne serait pas froid au milieu
de ces accens d'une reconnaissance si sincère et si bien
motivée ?

Je voudrais, Messieurs, n'omettre aucun des droits
de M. LOBSTEIN aux regrets universels dont il est l'objet;
mais pressé par le temps, je me borne ici à rappeler
qu'il était encore chargé de l'enseignement théorique
et pratique des élèves sages-femmes du département:
vous savez avec quel zèle il a rempli les devoirs de
cette place; il attachait avec raison une grande importance à former des sages-femmes éclairées. C'est dans
cette vue qu'il a publié, en langue allemande, pour
l'usage de ces mêmes élèves, un manuel très-estimé
sur l'art des accouchemens.

Maintenant, Messieurs, reportez un instant vos regards sur cette vie si pleine de travaux utiles à la
science et à l'humanité, et dites si vous ne voyez pas
là de beaux titres à la décoration de la Légion d'hon-

neur; si vous ne pensez pas, avec moi, que cette décoration, venue trop tardivement sans doute, mais enfin arrivée, était dignement placée sur la poitrine de M. Lobstein.

Jusqu'ici, Messieurs, je ne vous ai entretenus que du savant et du professeur. Quelque intérêt qu'inspire M. Lobstein sous ce double rapport, quelque honorable qu'ait été sa carrière publique, j'oserai dire pourtant que sa vie privée est, pour ceux qui ont vécu dans son intimité, la partie la plus attachante du tableau que j'essaie d'esquisser.

Que de vertus, Messieurs, que d'aimables qualités vont être ensevelies dans la tombe où nous allons déposer ces restes inanimés! Si j'avais à présenter le plus touchant modèle de piété filiale, je retracerais la vie entière de M. Lobstein. A peine sorti de l'enfance, il avait vu son père mourir dans les prisons de la terreur. L'image de cette mort affreuse resta gravée dans son ame jusqu'à son dernier soupir; mais que sa digne mère lui a dû de consolations! Il a consacré sa vie à lui faire oublier ces malheurs par les soins les plus assidus, par les attentions les plus respectueuses et les plus délicates, et surtout par son dévouement à sa famille, qui le vénérait comme un père, parce qu'il en avait en effet rempli tous les devoirs.

Il me semble, Messieurs, que je viens de peindre d'un seul trait la belle ame de M. Lobstein; je n'ai donc plus besoin d'ajouter qu'il fut époux affectueux, tendre père, ami sûr et constant; de rappeler combien il était affable et indulgent avec ses inférieurs, charitable pour les indigens, compatissant à toutes les souffrances dont il était témoin. M. Lobstein devenait l'ami de toutes les familles où il était appelé comme médecin. Que de larmes sa mort a déjà fait répandre! que de larmes seront versées sur sa tombe par des épouses, par des mères, qui lui doivent la conservation de ce qu'elles ont de plus cher au monde.

Un dernier trait de cette bonté qui le caractérise, c'est qu'il avait pour les enfans une affection si vive, une prédilection si marquée que, quand il était appelé à leur donner des soins, à voir sa sollicitude, qui allait quelquefois jusqu'à les lui faire veiller pendant plusieurs nuits, on eût dit qu'ils lui appartenaient.

Vous concevez, Messieurs, combien étaient faciles et agréables nos relations avec un tel collègue. A cette douceur angélique, qui était aussi l'un des traits de son caractère, se joignait chez M. Lobstein une modestie si grande, qu'on la prenait quelquefois pour de la timidité. Quoique personne n'eût plus que lui le droit d'avoir des opinions arrêtées, non-seulement il savait douter, précisément parce qu'il avait beaucoup appris; mais sa déférence pour les opinions des autres était si grande, qu'il ne lui est jamais arrivé, pas même dans des discussions un peu animées, de laisser échapper un mot qui pût blesser ou déplaire.

Tel fut, Messieurs, l'homme rare dont tous, professeurs et élèves, nous déplorons également la mort prématurée : et c'est moi, son plus vieil ami, moi qui lui étais attaché par tant de liens, qui devais rem-

plir en ce jour ce triste ministère! O mon cher Lobstein, si j'ai accepté, pour une dernière fois , cette
tâche douloureuse, c'est que j'ai senti que je goûte-
rais encore quelque charme à m'occuper de toi, à rappeler tes talens et tes vertus, à te présenter à la jeu-
nesse de nos écoles comme le modèle le plus digne
d'exciter ses efforts. Puisses-tu être sensible encore aux
accens d'une voix amie, mais hélas! trop faible inter-
prète de cette désolation générale !

Adieu Lobstein; adieu mon ami !

DISCOURS

Discours de M. Hirtz, *aide de clinique de la Faculté.*

O vous, chers condisciples, qu'un triste et pieux devoir a conduits sur les bords de cette tombe, pour payer le tribut de vos larmes et de votre reconnaissance à l'excellent maître qui vient de nous être enlevé, vos regrets sont bien légitimes : la médecine perd aujourd'hui une de ses illustrations, la Faculté un de ses plus beaux ornemens, et nous un maître qui nous aimait comme un père.

Cette tombe va se fermer sur celui qui, durant tant d'années, s'est consacré à notre instruction, qui guida nos premiers pas dans l'épineuse carrière de la médecine. Vous savez avec quelle infatigable constance il se dévouait à ce pénible devoir. Malgré de graves infirmités, malgré ses nombreux travaux, nous l'avons toujours vu arriver, dès l'aube du jour, à cette clinique, objet de toute son affection, passer avec nous des matinées entières, présider à nos recherches, nous diriger au lit des malades par sa vaste expérience et avec une bonté qui ne s'est jamais démentie.

Quand les progrès de sa maladie le forcèrent de se séparer de nous, sa vigilante sollicitude ne nous abandonna point. Tous ceux qui l'ont vu pendant ces tristes instans où il luttait contre ses souffrances, peuvent dire avec quelle touchante attention il veillait sur nous, avec quel vif intérêt il prenait part à nos progrès, s'informait de nos besoins. Un désir irrésistible le rappelait au milieu de nous, il voulut essayer ses forces, il sortit; hélas! son zèle le trompait! il contracta la maladie qui nous l'a enlevé pour toujours!

Et maintenant il est là, froid et inanimé, celui dont la voix réchauffait en nous l'amour de la science, celui dont les savantes et ingénieuses doctrines nous dévoilaient les mystères de la vie.

Les instans dont son zèle ardent pour notre instruction lui permettait de disposer, il les consacrait à réunir dans un ouvrage immortel le fruit de ses immenses recherches. Génie trop tôt enlevé à la science, il nous laisse un monument inachevé, qui nous fait encore mieux sentir la perte irréparable que nous avons faite.

O maître chéri, sans doute la nouvelle de ta mort retentira douloureusement dans le monde savant, sans doute d'unanimes regrets attesteront le vide que laisse dans la science ta fin prématurée. Mais l'hommage que te rendent aujourd'hui tes élèves ne te sera pas le moins doux. Ton souvenir vivra dans leurs cœurs; ton exemple sera leur encouragement; toute leur vie ils se glorifieront d'avoir été formés à ton école. Reçois ici l'expression de leur reconnaissance. Puissent-ils, en faisant fructifier tes leçons, se rendre dignes de t'avoir eu pour maître, et continuer ton œuvre en imitant tes vertus ! !

Discours de M. SCHURÉ, *candidat en médecine.*

MESSIEURS,

Si j'ose aussi me permettre de vous adresser quelques paroles, ce n'est pas pour étaler une vaine prétention au bord d'un tombeau qui nous rappelle d'une manière si terrible la vanité de tout ce qui est terrestre. C'est un devoir à la fois doux et pénible que je viens remplir, c'est le besoin impérieux de mon cœur d'exprimer ici mes sentimens et ma reconnaissance, de rendre ce dernier hommage à la mémoire d'un maître qui nous fut si cher et dont la perte inattendue nous a plongés dans la consternation la plus profonde. En vain nos cœurs voudraient encore se refuser à croire à notre malheur : la douleur qui éclate partout, les larmes que je vois couler, ce lieu même qui nous rassemble, l'appareil de la mort si imposant et si terrible qui nous entoure de toutes parts, tout nous force à nous résigner à la cruelle réalité.

Tout absorbé dans ces images de deuil, notre esprit saisit à peine l'immensité de la perte que nous avons éprouvée et que le monde médical tout entier va partager avec nous. Il ne nous appartient pas d'apprécier les services que M. LOBSTEIN a rendus à la science, de signaler les progrès qu'il lui a fait faire, les décou-

vertes dont il l'a enrichie, les idées nouvelles et lumi-
neuses qu'il y a répandues. Des voix éloquentes ne
manqueront pas de proclamer ces services, et les mo-
numens que l'homme de la science s'est érigés à lui-
même les rediront à la postérité. Mais qu'il nous soit
permis d'exposer ici la juste cause de nos regrets, de
rappeler les titres que M. Lobstein s'est acquis à l'amour,
à la vénération de ses élèves, d'indiquer en peu de
mots les traits caractéristiques de son enseignement,
et de lui exprimer ici du moins cette reconnaissance
que sa modestie repoussait toujours.

Vous tous qui avez eu le bonheur de compter parmi
ses élèves, rappelez-vous les beaux jours où, guidés par
son expérience, nous entrâmes dans la carrière diffi-
cile de la pratique médicale. C'est là, vous le savez,
Messieurs, qu'il déployait toutes les ressources de son
esprit si riche de science et d'expérience; c'est au lit
du malade que se manifestait le plus clairement cet
intérêt si vrai et si sincère que M. Lobstein avait
pour ses disciples et qui, pour avoir été moins expan-
sif, n'en était que plus profond. Vous avez souvent admiré sa méthode, quand, semblable au grand philo-
sophe d'Athènes, il nous interrogeait, et que par ses
questions amenées avec art, il nous conduisait vers la
vérité et, tout en nous communiquant la science,
nous faisait croire que nous l'avions créée nous-mêmes.
Vous avez admiré son indulgence, sa douceur, sa
patience, qui ne se lassait point de combattre nos
erreurs, de rectifier nos jugemens et de répondre à
toutes nos objections.

Oui, il possédait à un haut degré les qualités diverses qu'exige un enseignement pratique; mais son talent ne se bornait point à nous communiquer les trésors de son savoir, il s'attachait sans cesse à nous faire sentir toute l'importance de nos études, à faire passer en nous cette ardeur et ces idées dont il était lui-même pénétré.

Pour lui la science n'était pas seulement un assemblage de faits complexes et isolés; un esprit éminemment philosophique présidait à tous ses travaux et imprimait à ses ouvrages, comme à sa méthode, ce cachet particulier de génie et d'originalité qui lui acquit à si juste titre une si haute réputation. Combien de fois n'avons-nous pas été frappés de ces ingénieuses explications, de ces rapprochemens heureux, du développement de ces théories brillantes dont le moindre phénomène lui fournissait l'occasion.

Ces théories, Messieurs, n'étaient point le fruit d'une imagination oisive qui, méprisant la voie si longue et si épineuse de l'expérience, cherche des routes plus séduisantes et ne s'égare que trop souvent. Le professeur Lobstein ne dédaignait point de suivre avec une attention scrupuleuse la marche de la nature, de l'épier dans ses manifestations extérieures, de consigner les anomalies qu'elle peut éprouver, et ses travaux publics sont là pour déposer de ses recherches longues et pénibles. Mais il ne s'arrêtait point aux limites des sens; s'il était convaincu que l'observation doit précéder toute théorie, il ne l'était pas moins de la nécessité de cette tendance philosophique qui doit vivifier toutes les études.

Car pour lui la philosophie ne consistait point dans l'adoption de tel ou tel système préconisé par l'esprit du jour, c'était ce besoin inné de notre nature, cachet d'une origine supérieure, de s'élever au-dessus des bornes étroites de l'empirisme, et de se placer à un point de vue d'où il pût dominer et embrasser d'un seul regard tous les élémens divers de l'expérience. Il voulait remonter des effets à leurs causes, lier tous ces phénomènes si variés et les rapporter à des faits d'un ordre plus élevé et plus constant. Semblable au savant illustre dont la main sut recomposer des débris épars sur la surface ou dans les entrailles de la terre la charpente d'un organisme détruit, Lobstein voulait reconstruire avec les matériaux rassemblés par l'observation l'édifice harmonieux de la science médicale. Union heureuse et féconde de la clarté, de la direction plus pratique de l'esprit français aux idées profondes, aux hautes spéculations de l'école allemande.

Tel fut, vous le savez, Messieurs, le secret de son art; telle fut aussi la source où il puisait ces convictions fortes et profondes qui lui firent découvrir dans les formes de notre organisme visible les traces d'une nature plus élevée, des forces dont l'observation ne nous rend point raison et qu'un avenir seul peut nous expliquer.

Il se plaisait surtout à trouver dans ses études de nouveaux appuis pour le dogme consolant de l'*immortalité de l'ame*. Nous avons tous vénéré en lui le savant distingué, mais, Messieurs, que ceux qui avaient le bonheur de l'approcher de plus près, découvraient en lui de nouveaux titres à leur estime, quand il leur était accordé de pénétrer dans le sanctuaire de son ame. M. Lobstein était animé de ce *sentiment religieux* si nécessaire au médecin praticien : et en effet, où puiserions-nous ailleurs cette force de dévouement et d'abnégation qui seuls rendent la profession médicale si belle et si noble? Quel autre motif soutiendrait notre courage dans une carrière aussi pénible? Que le même sentiment tourne nos regards vers un monde meilleur, pour adoucir l'amertume des regrets que nous cause la fin prématurée d'une vie toute remplie de talens et de vertus! Que son souvenir nous inspire et continue d'exercer sur nous cette influence bienfaisante que nous avons si souvent éprouvée, et nous sentirons en nous-mêmes que *la mémoire du Juste ne périra point!*

Discours de M. A. Heisch, *candidat en médecine.*

Messieurs,

Quelle fatalité préside aux destinées humaines! Ici, l'homme à charge à la société et à lui-même appelle en vain la fin d'une existence qui ne profite à personne, et qui l'accable du poids de sa nullité; là, au contraire, le savant, dont la vaste érudition et le travail infatigable arrachent à la nature quelques-uns de ses secrets, pour chercher à prolonger la vie humaine, est enlevé à ses études, à ses méditations, et ses travaux, ébauchés seulement, attendent une autre existence, qui s'use encore à les achever !

Déjà les nombreux amis de notre savant professeur voyaient arriver avec joie le moment où, rétabli d'une longue maladie, il reprendrait ses travaux et serait de nouveau leur espoir dans les maux de la vie; mais, hélas! un coup de foudre a anéanti leurs espérances, et la terre va recouvrir dans un instant cette tête à la vaste intelligence, aux méditations profondes. N'était-ce pas un pressentiment vague et confus qui le poussait dans ces derniers temps à presser tous ses travaux? Ne dirait-on pas que, sentant tout ce que sa perte laisserait de vide dans la science, il voulait au moins nous léguer en entier les fruits de ses longues études et de son étonnante persévérance?

Mais il ne devait pas fournir jusqu'au bout sa carrière; le voilà enlevé à la science, à sa famille et à ses nombreux amis! Et nous, qu'il avait guidés de ses conseils paternels, auxquels son appui n'avait jamais manqué, moi, qui lui ai de si nombreuses obligations personnelles, nous sommes réduits à de stériles regrets, notre reconnaissance ne peut s'exhaler qu'en pleurs inutiles!

Du moins, en te disant un dernier adieu, cher professeur Lobstein, nous nous rappellerons que c'est aussi reconnaître tes services que chercher à imiter ton dévouement et tes vertus, et quoique bien peu

d'hommes puissent arriver à ta hauteur, nous rivalise-
rons d'efforts pour rendre quelques services à l'humanité, et nous croirons, à chaque succès, avoir payé
un tribut à ta mémoire. Adieu ! Adieu !

www.ingramcontent.com/pod-product-compliance
Lightning Source LLC
LaVergne TN
LVHW051137060726
842526LV00006B/2098